(N° 1) **TABLEAUX DE LECTURE** *(Quatrième édition)*

1re LEÇON — VOYELLES (*).

a e é è i o u

EXERCICE

o é u a è i e â ô û ê î a o u e

2e LEÇON. — CONSONNES.

p b d t v f m n

3e LEÇON — SUITE DES CONSONNES

l r c g j s z h

EXERCICE

m v t c d p b f n l g z j h s r

4e LEÇON. — MINUSCULES ET MAJUSCULES.

aA bB cC dD eE fF gG hH iI jJ lL

mM nN oO pP rR sS tT uU vV zZ

5e LEÇON. — EXERCICE SUR LES MINUSCULES ET LES MAJUSCULES.

a b c d e f g h i j l m n o p q r s t u v z

A B C D E F G H I J L M N O P Q R S T U V Z

(*) Pour les procédés, voir le *Petit Manuel de Lecture* du même auteur.

A.-M.-A. LACROIX. NANTUA. — MERCIER, LIBRAIRE. NANTUA. — IMPR. D'AUGUSTE ARÈNE.

RÉCAPITULATION.

a e é è i o u

p b d t v f m n l r c g j s z h

6e LEÇON. — SYLLABES.

a o é u e i a è o i u e a o é u i è o

pa mo vé cu te di la sè do mi lu je ga lo té mu zi vé bo

ra do ré pu be ni fa lè vo bi vu ze ca jo dé su fi bé co

ma ro lé bu re ri sa fè go di nu pe fa no pé ru li nè vo

7e LEÇON. — MOTS.

A-mi, é-pi, o-de, î-le, u-ni, ro-be, pa-vé, da-me, ra-ve, pi-pe, mi-di, ju-pe, li-re, de-mi, mo-de, po-li, ga-ze, li-me, dî-né, fê-te, ri-me, cu-be, zè-le, â-me, sè-ve, a-do-ré, sa-la-de, ca-ba-ne, ju-bi-lé, na-tu-re, fi-gu-re, ba-di-ne, mé-di-re, dé-pu-té, ma-la-de, pu-re-té, pa-ra-de, fa-ri-ne, mo-ra-le, so-li-ve, pa-ro-le, ra-pi-de, co-lè-re, fa-mi-ne, do-mi-no, ca-po-te, va-ni-té, lé-gu-me, fi-la-tu-re, pa-ra-bo-le, fa-ta-li-té, a-ma-zo-ne, ri-va-li-té, tu-li-pe, le ca-fé, la zô-ne.

8e LEÇON. — PHRASES.

A-dè-le te di-ra la vé-ri-té. Jé-rô-me a po-li u-ne to-pa-ze. La lu-ne se lè-ve. Va-lè-re a du mé-ri-te. Ju-li-e a sa-li sa ro-be. É-mi-le a la-vé la ca-ra-fe. Ma mè-re a é-té ma-la-de. Hé-lè-ne a bu de la li-mo-na-de. Le ma-la-de lè-ve la tê-te. Pa-pa va à la ca-ve. Je me lè-ve à la bâ-te. Ho-no-re ta mè-re. Le pa-vé se-ra la-vé. Je dî-ne à mi-di. Ca-ro-li-ne a bu du ca-fé. Zo-é a u-ne pa-ru-re. Lé-vi a vu u-ne pe-ti-te bê-te. Ni-na a te-nu sa pa-ro-le. Le ma-la-de a-va-le-ra u-ne pi-lu-le. J'a-do-re la di-vi-ni-té. Pa-pa bâ-ti-ra u-ne ca-ba-ne. L'é-lè-ve a é-té pu-ni.

A.-M.-A. LACROIX. NANTUA. — MERCIER, LIBRAIRE. NANTUA. — IMP. D'AUGUSTE ARÈNE.

TABLEAUX DE LECTURE

(Quatrième édition)

9e LEÇON. — RÉCAPITULATION ET NOUVEAUX ÉLÉMENTS.

a e é è i o u

p b d t v f m n l r c g j s z h

ch gn ill

10e LEÇON. — SYLLABES.

a o é e u è i a o é u e i è

ch|a ch|o ch|é ch|e ch|u ch|è ch|i gn|a gn|o gn|é gn|u gn|e gn|i gn|è

ill|e ill|u ill|è ill|i ill|a ill|o ill|é

MOTS.

Ri-che, si-gne, pa-ille, pé-ché, ré-gne, ca-ille, ni-che, li-gne, fa-illi, ro-che, di-gne, ma-ille, cha-ri-té, di-gni-té, ba-ta-ille, chi-mè-re, ro-gné, fa-illi-te, ma-chi-ne, mé-da-ille, ma-li-gni-té, se-ma-ille, ga-gné, u-ne mè-che, le co-che, la mu-ra-ille, u-ne ruche, la ca-ille.

11e LEÇON. — PHRASES.

La di-gni-té du pa-cha. U-ne pe-ti-te bû-che. La cha-ri-té du ri-che. U-ne ca-ba-ne de pa-ille. La chu-te du fa-vo-ri. La ca-lè-che de ma mè-re. Je ta-ille la vi-gne. La ca-ille se ca-*che*. L'a-ma-zo-ne *che*-mi-ne. A-dè-le a sa-li le pa-na-*che*. Va-lè-re a ga-gné u-ne ba-ta-ille. Ré-né pê-*che* à la li-gne. Ca-ro-li-ne à ta-*ché* sa ro-be. Ré-né a pa-ru fâ-*ché*. Jé-rô-me ga-gne sa vi-e. Le fa-vo-ri a ré-gné. A-li-ne *ché*-ri-ra sa mè-re. Ma fi-lo-*che* se dé-*chi*-re. Le ba-illi a si-gné. É-mi-le a mé-ri-té u-ne mé-da-ille. Le re-mè-de me ré-pu-gne. Ma-ri-e lè-ve u-ne bû-*che*.

A.-M.-A. LACROIX.

NANTUA. — ARCTER, LIBRAIRE.

NANTUA. — IMP. D'AUGUSTE ARÈNE.

12e LEÇON. — RÉCAPITULATION ET NOUVEAUX ÉLÉMENTS.

a e é è i o u

p b d t v f m n l r c g j s z h ch gn ill

eu ou on an in un oi

13e LEÇON. — SYLLABES.

e eu o ou a an o on i in u un o oi é eu a an

le jeu bo gou ta van no ron pi rin ru lun go voi dé veu la can

me peu vo jou da ran jo mon si tin ju cun po roi sé deu ga dan

pe teu so mou za gan do non bi fin nu dun to boi té neu sa tan

14e LEÇON. — MOTS.

An-se, on-ze, tan-te, veu-ve, mon-de, la-pin, pou-le, di-vin, jeu-di, can-ton, sa-pin, mou-ton, ru-ban, ga-lon, boi-re, pi-gnon, pan-tin, ta-lon, bou-le, poi-re, bou-din, che-veu, fou-le, che-min, chan-son, sou-pe, man-che, pin-son, voi-le, ju-pon, pan-ta-lon, ou-ra-gan, mon-ta-gne, in-di-gne, ba-ta-illon, fan-fa-ron, di-man-che, la bon-té, un bâ-ton, du bon vin, u-ne pe-ti-te voi-le, le man-chon, ma ro-be neu-ve, la vo-lon-té de ma tan-te.

15e LEÇON. — PHRASES.

Le se-rin a chan-té. Si-mon boi-ra du vin. Fa-tin a dé-mon-té un ca-non. Lé-on chan-te-ra u-ne chan-son. Je de-man-de un bâ-ton. Mon ne-veu con-so-le sa tan-te. Can-di-de a vu le vi-gne-ron. Le mou-ton se ca-che. Ma-man a fou-lé le ga-zon. Le din-don s'é-loi-gne du mou-lin. Mon pan-ta-lon se dé-chi-re. Le vin a cou-lé. Je re-dou-te le feu. É-loi-gne-toi de ma voi-tu-re. On dan-se-ra u-ne ron-de. Le bû-che-ron a cou-pé un sa-pin. Ju-bin a mou-lu du ca-fé. L'ou-ra-gan sou-lè-ve la toi-tu-re. Zo-é a sa-li sa ro-be noi-re. Le sa-pin se-ra cou-pé.

A.-M.-A. LACROIX. NANTUA. — MERCIER, LIBRAIRE. NANTUA. — IMP. D'AUGUSTE ARÈNE.

16e LEÇON. — RÉCAPITULATION ET NOUVEAUX ÉLÉMENTS.

a e é è i o u eu ou on an in un oi

p b d t v f m n l r c g j s z h ch gn ill

ab	**ac**	**ad**	**af**	**ag**	**al**	**ap**	**ar**	**as**	**at**
ib	**ic**	**id**	**if**	**ig**	**il**	**ip**	**ir**	**is**	**it**
ob	**oc**	**od**	**of**	**og**	**ol**	**op**	**or**	**os**	**ot**
ub	**uc**	**ud**	**uf**	**ug**	**ul**	**up**	**ur**	**us**	**ut**
eb	**ec**	**ed**	**ef**	**eg**	**el**	**ep**	**er**	**es**	**et**

17e LEÇON. — SYLLABES.

ar ir er ur or ac ec uc oc ic ac us es is os al ol ul ar er

c|ar n|ir v|er t|ur b|or s|ac p|ec d|uc r|oc p|ic b|as l|us r|es l|is p|os v|al s|ol c|ul b|ar s|er

p|ar t|ir p|er s|ur f|or n|ac r|ec s|uc l|oc d|ic c|as r|us p|es f|is c|os t|al v|ol p|ul j|ar m|er

18e LEÇON. — MOTS ET PHRASES.

Ar-me, ur-ne, al-cô-ve, or-bi-te, ac-tif, er-mi-te, ob-jec-té, ar-se-nal, ar-tis-te, ab-so-lu. Vic-tor fer-me la por-te. Le ma-jor par-ti-ra mar-di. Le sol se-ra cul-ti-vé. Gus-ta-ve pa-ti-ne-ra sur le ca-nal. Luc a dor-mi sur le mur. L'ac-ti-vi-té mè-ne à la for-tu-ne. Le ma-ré-chal a cou-pé sa bar-be. Le Co-de pé-nal se-ra res-pec-té. Je me par-fu-me la tê-te.

19e LEÇON. — RÉCAPITULATION.

Dé-mo-lir un mou-lin. La mor-su-re du che-val. Par-ve-nir à la for-tu-ne. Mar-tin a chan-té. Nu-ma a cou-pé le cor-don. Si-mon se-ra char-mé de re-ve-nir. Voi-là du char-bon pi-lé. On te por-te-ra u-ne tar-ti-ne. Zo-é a ob-te-nu sa li-ber-té. Vic-tor par-ti-ra à che-val. Ja-co a le bec dur. Jus-ti-ne sor-ti-ra du jar-din. Gus-ta-ve por-te le cos-tu-me de ma-jor. Le ca-po-ral se-ra de gar-de. Ir-ma a per-du le ca-nif de son pa-pa. Ni-na par-fu-me sa de-meu-re. Luc a bou-ché le bo-cal. Ta mar-mi-te a u-ne for-me é-nor-me. Le che-val bor-gne.

A.-M.-A. LACROIX. NANTUA. — MERCIER, LIBRAIRE. NANTUA. — IMP. D'AUGUSTE ARÈNE.

20e LEÇON. — RÉCAPITULATION ET NOUVEAUX ÉLÉMENTS.

a e é è i o u eu ou on an in un oi

p b d t v f m n l r c g j s z h ch gn ill

ab ac ad af ag al ap ar as at
ib ic id if ig il ip ir is it
ob oc od of og ol op or os ot
ub uc ud uf ug ul up ur us ut
eb ec ed ef eg el ep er es et

cl cr . fl fr . gl gr . pl pr . bl br . dr . tr . vr .

21e LEÇON. — SYLLABES.

e i a o u a é o e i a u è i o a é e o
fle cri gla pro blu tra vré clo gre pli bra dru flè cri glo pra blé tre clo
fre cli gra plo bru dra flé cro gle pri bla tru frè cli gro pla bré dre cro

22e LEÇON. — MOTS.

Ta-ble, chè-vre, clo-che, sa-bre, rè-gle, ti-tre, plu-me, frè-re, so-cle, crê-me, gla-ne, cri-ble, so-bre, flè-che, tri-ple, fa-ble, gri-ve, ca-dre, flû-te, cru-che, mar-bre, bru-tal, mor-dre, glo-bu-le, pla-nè-te, pro-bi-té, su-bli-me, no-ta-ble, pro-cla-mé, mi-tra-ille, pro-pre-té, gra-vu-re, pre-na-ble, cri-blu-re, clô-ture, pro-blè-me, cha-ri-ta-ble, pla-car-dé, mar-di.

PHRASES.

Cla-ra bro-de u-ne cra-va-te. Ma chè-vre a pé-ri. An-dré cri-ble-ra le blé. Do-re le ca-dre de la gra-vu-re. Ar-sè-ne se li-vre à la pro-di-ga-li-té. Ca-ro-li-ne a ré-flé-chi. Le cri-mi-nel se-ra pu-ni. La fru-ga-li-té pro-cu-re la san-té. Pa-pa a lu la fa-ble du Cas-tor. Je ta-ille ma plu-me. Si-mon a ré-so-lu le pro-blè-me. Je pré-fè-re l'u-ti-le à l'a-gré-a-ble. Il par-ti-ra mer-cre-di ma-tin. Mon frè-re ta-ille sa plu-me. Vic-tor é-cri-ra u-ne li-gne sur le sa-ble.

A.-M.-A. LACROIX. NANTUA. — MERCIER, LIBRAIRE. NANTUA. — IMP. D'AUGUSTE ARÈNE.

RÉCAPITULATION.

a e é è i o u eu ou on an in un oi

p b d t v f m n l r c g j s z h ch gn ill

ab	ac	ad	af	ag	al	ap	ar	as	at
ib	ic	id	if	ig	il	ip	ir	is	it
ob	oc	od	of	og	ol	op	or	os	ot
ub	uc	ud	uf	ug	ul	up	ur	us	ut
eb	ec	ed	ef	eg	el	ep	er	es	et

cl cr . fl fr . gl gr . pl pr . bl br . dr . tr . vr .

23e LEÇON. — SYLLABES.

eu ou on an in oi eu ou on an in oi eu ou on an in

cr|eu tr|ou bl|on fr|an cl|in gl|oi pr|eu cl|ou gr|on fl|an cr|in cl|oi bl|eu br|ou pl|on cr|an br|in
pl|eu bl|ou br|on fl|an gr|in dr|oi fl|eu pr|ou fr|on gr|an tr|in fr|oi tr|eu gl|ou dr|on pl|an tr|in

24e LEÇON. — MOTS.

An-gle, on-cle, ou-tré, plan-te, tri-bun, bron-ze, cha-grin, trou-ble, plan-che, gra-din, fou-dre, flo-rin, glan-de, bou-cle, gloi-re, sa-blon, croi-tre, fla-con, bran-don, peu-ple, grandir, brou-illon, croi-re, bran-che, pa-tron, gron-dé, dé-clin, mi-gnon, trin-gle, fron-tal, ner-prun, mou-flon, blon-din, glou-ton, pol-tron, fla-gran-te, blan-châ-tre, de la chou-crou-te.

25e LEÇON. — PHRASES.

An-dré a plan-té un frê-ne. La fou-dre gron-de. Fron-tin a u-ne cra-va-te blan-che. Mon frè-re a cou-pé u-ne plan-te. Le sa-lon de mon on-cle a é-té dé-co-ré. Gus-ta-ve a vi-dé son fla-con. Blan-di-ne a po-li u-ne plan-che. La chè-vre brou-te le trè-fle. Ma tan-te cou-dra un pan-ta-lon. La pe-ti-te plan-te gran-di-ra. Ta mè-re m'a gron-dé. Le mou-flon ru-mi-ne. Ni-non pré-pa-re la chou-crou-te. Le pol-tron van-te sa bra-vou-re. Voi-là un chê-ne.

A.-M.-A. LACROIX. NANTUA. — MERCIER, LIBRAIRE. NANTUA. — IMP. D'AUGUSTE ARÈNE.

26e LEÇON.

SONS ÉQUIVALENTS REPRÉSENTÉS PAR PLUSIEURS LETTRES.

è=ai, ei . o=au, eau . eu=œu . i=y.

SYLLABES.

pè pai pei, ro rau reau, veu vœu, li ly, bo bau beau, tè tai tei, mi my, neu nœu, rei lai sau deau peu sœu sy ri cly chai dreau trai frau vreau ploi clau bry frei plan flai plei glou clai treu cry crai trei

MOTS.

Maî-tre, pei-ne, ty-ran, sei-ze, paî-tre, œu-vre, cou-teau, pei-gne, châ-teau, ai-glon, nou-veau, rei-ne, chaî-ne, ri-deau, cha-peau, jau-ne, vei-ne, sy-mé-trie, vul-gai-re, la fon-tai-ne, un ba-lai de sau-le, u-ne ba-lei-ne, de l'eau chau-de, u-ne peau de veau, u-ne plan-te de mar-jo-lai-ne.

27e LEÇON. — PHRASES.

Pau-li-ne a su se tai-re. Je pei-gne la lai-ne du mou-ton. By-ron a la tê-te chau-ve. Vic-tor a la mi-grai-ne. Le tau-reau beu-gle. Po-ly-car-pe au-ra de la pei-ne à re-ve-nir. Jus-tin pré-pa-re u-ne peau de che-vreau. Le fleu-ve bai-gne la prai-rie. Ir-ma por-te u-ne plu-me d'au-tru-che à son cha-peau. Au-gus-te va fai-re paî-tre son trou-peau. La ba-lei-ne se ca-che. An-dré fau-che la lu-zer-ne de son jar-din. É-mi-le a un beau do-mai-ne. Au-ré-lie a cou-pé u-ne plan-te de ver-vei-ne. Je por-te un man-teau de lai-ne. Ju-lie a vu la rei-ne. L'eau de la fon-tai-ne m'a ra-fraî-chi.

28e LEÇON.

SONS SUIVIS D'UNE ARTICULATION.

air oir our eur œur

MOTS.

pair soir pour leur sœur tour

Vau-tour, sei-gneur, jour-nal, vo-leur, mou-choir, pê-cheur, mi-roir, bu-veur, pou-voir, ma-jeur, vou-loir, can-deur, ba-te-leur, cul-ti-va-teur, le soir d'un beau jour, la va-peur du char-bon, u-ne fleur de mon jar-din, la blan-cheur de la lai-ne, un bon la-bou-reur, u-ne pe-ti-te four-mi, un che-val noir, le pei-gneur de chan-vre, le con-duc-teur de la voi-tu-re, la va-leur d'un sa-pin.

Ma sœur con-ser-ve sa fraî-cheur. Pa-*pa* se-*ra* char-mé de te voir. Le *ra*-mo-neur cou-che sur *la* *pa*-ille. Jus-tin *a* per-du son mou-choir. J'*ad*-mi-re *la* *gran*-deur de son pou-voir.

A.-M.-A. LACROIX. NANTUA. — MERCIER, LIBRAIRE. NANTUA. — IMP. D'AUGUSTE ARÈNE.

29e LEÇON.

AUTRES SONS ÉQUIVALENTS.

an an an on un in in in

am en em om um im ein ain

SYLLABES.

ren sein bam gain bom syn cam tim
pam vain tem main nom tein bain
lym jam len som ten fum vain
tren grim pren flam trein crom frain
trem crain from plom plain prein

MOTS.

Pom-pe, jam-bon, pein-tre, men-ton, re-gain, bam-bin, le-vain, ven-dre, syn-dic, nom-bre, im-pair, é-tain, cham-bre, tym-pan, plain-te, tim-bre, pen-te, cram-pe, crain-dre, em-pi-re.

30e LEÇON. — PHRASES.

Jus-ti-ne a faim. La toi-tu-re du mou-lin tom-be-ra. O-lym-pe ai-me la com-po-te. Le bam-bin a cre-vé son tam-bour. Ma sœur mon-te-ra la pen-du-le. Can-di-de a ven-du son pin-son. Ro-main a sa-lé un jam-bon. Le tem-ple a é-té pro-fa-né. La bom-be a é-cla-té. Ur-bain di-ra le sym-bo-le par cœur. Va-len-tin a dé-mon-té u-ne pom-pe. L'air mal-sain me ren-dra ma-la-de. Si-mon a fen-du u-ne plan-che. La pein-tu-re de ma cham-bre a é-té mal fai-te. Ma-man trem-pe-ra la sou-pe. Ir-ma é-tein-dra le flam-beau. Gus-ta-ve a de la cha-ri-té pour son pro-chain. U-ne lam-pe é-clai-re le tem-ple. Le syn-dic a pu-ni le men-teur. Je chan-te un re-frain.

31e LEÇON. — SYLLABES.

	a	e	é	i	o	u
sc	sca	.	.	.	sco	scu
sp	spa	spe	spé	spi	spo	spu
st	sta	ste	sté	sti	sto	stu
scr	scra	scre	scré	scri	scro	scru
spl	spla	sple	splé	spli	splo	splu
str	stra	stre	stré	stri	stro	stru
ps	psa	pse	psé	psi	pso	psu

PHRASES.

Sca-lè-ne, spa-tu-le, scan-da-le, stè-re, scru-tin, splen-di-de. La fiè-vre scar-la-ti-ne. U-ne for-tu-ne sta-ble. La splen-deur de l'as-tre du jour. U-ne gran-de spa-tu-le. La struc-tu-re de la mou-che. On a dé-pou-illé le scru-tin. Vic-tor a psal-mo-dié. Le scan-da-le a é-cla-té. Le stè-re é-ga-le le mè-tre cu-be. Jus-ti-ne a vu l'é-cli-pse de lu-ne. Le scri-be a per-du sa plu-me.

A.-M.-A. LACROIX. NANTUA. — MERCIER, LIBRAIRE. NANTUA. — IMP. D'AUGUSTE ARÈNE.

32e LEÇON.

SYLLABES FORMÉES D'UNE ARTICULATION DOUBLE ET D'UNE VOYELLE SUIVIE D'UNE CONSONNE

Br|os fl|ic pr|us fr|uc cr|os tr|as br|al
vr|es bl|as fl|at pl|ir fr|ot dr|as tr|is cr|us
bl|ir gr|ot dr|es sc|ar cl|as gr|os bl|is gr|as
fr|us cr|as tr|ir sc|or cr|ic gr|et cr|is fl|as
tr|os fl|eg tr|ap br|is gr|es fr|ap bl|et sp|ar
fr|ed dr|ir bl|ic fr|is cl|ar st|el tr|ec sp|as
pr|ag tr|at cr|ot st|er cr|al pl|is sp|ec fr|ic
br|ut fl|uc br|oc sp|er fr|oc br|ac st|ig pr|os
st|uc br|ef gl|ot gr|if fl|ac gr|ip tr|oc br|es
br|us bl|ac fr|ac fl|ot pr|es tr|il sp|or tr|es

33e LEÇON. — MOTS ET PHRASES.

Clar-té, pris-me, es-croc, grip-pe, mis-tral, of-frir, fleg-me, bros-se, cris-tal, spas-me, frus-tré, spec-tre, op-pres-sé, frac-tu-re, pres-cri-re, stig-ma-te, des-crip-tif, ver-té-bral, a-né-vris-me, un ca-ta-plas-me, u-ne bles-su-re mor-tel-le, u-ne gran-de pros-pé-ri-té, u-ne plan-te de scor-so-nè-re, un er-mi-te pros-ter-né. A-dè-le va pé-trir sa pâ-te. Gus-ta-ve a un pris-me de cris-tal. Vic-tor a vu un trap-pis-te. Le pros-pec-tus se-ra pla-car-dé. La fré-ga-te va gros-sir la flot-te. Jus-ti-ne fe-ra un ca-ta-plas-me de fa-ri-ne de lin. J'ad-mi-re le spec-ta-cle de la na-tu-re. On a pu-ni le mé-nes-trel. Le trap-pis-te a é-té ma-la-de.

34e LEÇON. — SYLLABES.

CONSONNES ÉQUIVALENTES

s = ç — ç|a ç|o ç|u ç|ai ç|oi ç|on
cs = x — x|a x|e x|é x|i x|o x|on
c = k — k|a k|i k|o k|an k|in k|ar
c = qu — qu|a qu|e qu|é qu|i qu|o qu|an
g = gu — gu|a gu|e gu|é gu|è gu|i gu|in
f = ph — ph|a ph|e ph|i ph|o ph|an ph|on
fr = phr — phr|a phr|e phr|i phr|y phr|on
cr = chr — chr|a chr|e chr|è chr|i chr|on
sf = sph — sph|a sph|è sph|i sph|an.

35e LEÇON. — MOTS ET PHRASES.

Pé-kin, re-çu, pi-que, ta-xé, ko-ran, si-phon, qua-tre, gar-çon, pho-que, nan-kin, sphè-re, ma-çon, quin-ze, pha-re, ri-xe, dau-phin, tron-qué, pour-quoi, sa-xon, mos-quée. La fa-ça-de du châ-teau se-ra ma-gni-fi-que. Ma sœur a mar-qué son mou-choir. Fé-lix a man-qué à l'é-co-le. A-dol-phe a u-ne pau-me é-las-ti-que. Ma-man dé-tes-te l'o-deur du cam-phre. Pa-pa m'a ser-vi un tron-çon de car-pe. Le ma-çon grim-pe-ra sur la che-mi-née. Gas-ton sou-ti-re le vin a-vec un si-phon. So-phie a cou-pé u-ne fleur de né-nu-phar. Le pi-queur a un pan-ta-lon de nan-kin.

A.-M.-A. LACROIX. 1857 NANTUA. — MERCIER, LIBRAIRE. NANTUA. — IMP. D'AUGUSTE ARÈNE.

36e LEÇON. — MOTS.

SONS DOUBLES OU DIPHTONGUES.

ia = ia pia|no fia|cre pia|stre dia|dè|me.
ié = ié lié prié moi|tié pié|té.
io = io fio|le pio|che brio|che vio|lon.
ieu = ieu lieu dieu pieu mi|lieu crieur.
iin = ien bien rien mien lien sou|tien.
iau = iau miau|lé piau|lé.
ian = ian vian|de va|rian|te é|di|fian|te.
ion = ion lion pion pen|sion o|pi|nion.
oin = oin loin foin moin|dre té|moin.
oui = oui roui ré|joui foui|ne é|blouir.
ui = ui sui|te tui|le cui|te sui|vre.
iai = iai biai fiai niai criai.

Dia|cre, pi|tié, sou|tien, crieur, pié|ton, a|dieu, poin|te, biè|re, té|moin, trui|te, main-tien, triom|phe, la moi|tié, o|béir à la loi.

37e LEÇON. — PHRASES.

Vo-tre chien m'a sui-vi bien loin. La vian-de se-ra cui-te à mi-di. Ju-lien mar-che au mi-lieu du che-min. Mar-tin a u-ne fio-le de ra-ta-fia. Ro-main a tué u-ne pe-ti-te foui-ne. Ir-ma tou-che du pia-no. Ma-man a vu un lion. Le pein-tre re-vien-dra de-main. Je m'é-loi-gne du coin du feu. Ju-lien ver-ni-ra mon fia-cre. Je pio-che la vi-gne. A-dè-le au-ra soin de son pia-no. Dieu se-ra mon u-ni-que sou-tien. Je pré-fè-re la trui-te au sau-mon. Mon on-cle vien-dra a-vec toi. Le ra-meur a pé-ri au mi-lieu du fleu-ve.

38e LEÇON. — MOTS.

SYLLABES ÉQUIVALENTES

c *se prononce* s *devant les voyelles* e, i, y.

se = ce ce|la ra|ce cer|veau dou|ceur.
si = ci ci|tron ci|dre ci|me|tiè|re.
sé = cé cé|dé cé|ci|té dé|cé|dé cé|lè|bre.
si = cy cy|gne cy|cle cym|ba|le.
sin = cin cin|tre cin|quan|te cin|glé.
sen = cen cen|tre cen|dre cen|tai|ne.

g *se prononce* j *devant les voyelles* e, i, y.

je = ge pa|ge ju|ge ga|ge gen|dre.
ji = gi gi|te ré|gi|me gi|ber|ne.
jé = gé gé|mir gé|né|ral ju|gé gé|nie.
jeu = geu rou|geur na|geur plon|geur.

Ger-main a pro-non-cé l'é-lo-ge du gé-né-ral. Le vol-ti-geur a-gi-ra se-lon la cir-cons-tan-ce. La nei-ge tom-be sur la mon-ta-gne. Eu-gè-ne a chan-gé la ca-ge de son pi-geon.

39e LEÇON. — MOTS ET PHRASES.

S entre deux voyelles se prononce **Z.**

ze zon ze zin zeau zi
Rose, maison, bise, raisin, oiseau, choisi, besoin, fraise, cousin, poison, blouse, écluse, plaisir, une épouse vertueuse, une cerise rouge, une leçon de physique, le chamoiseur.

Le philosophe recherche la vérité. Ambroise a mesuré la longueur de la maison. Ma cousine a reçu la visite d'une Anglaise. Le chamoiseur a préparé une peau de chevreau. Désiré a mangé une framboise.

40e LEÇON. — PHRASES.

é *s'écrit par* er *et* ez *dans les mots suivants :*

lé ché té mé
Parler, marcher, chanter, dormez. Racontez une histoire. Honorez votre mère. Priez pour le pécheur. Le boucher a récompensé le berger. Urbain a vu le jardinier. Venez avec moi chez le boulanger.

*L'*y, *entre deux voyelles, tient lieu de deux* i; *l'un appartient à la voyelle qui précède, l'autre à celle qui suit.*

moi-ien crai-ion tui-iau pai-ieur mitoi-ien
Moyen, crayon, tuyau, payeur. Le mur mitoyen tombera. Eugène a payé son crayon. Ma sœur employa un moyen bien simple. Papa a planté un noyau de pêche. Votre mère sera joyeuse.

Les deux points, placés sur la dernière voyelle des mots ci-après, indiquent que ces deux voyelles se prononcent séparément :

Moi-se ha-ir Ca-in na-ive Sa-ul
Moïse, haïr, Caïn, naïve, Saül. Caïn a tué son frère Abel. Ma sœur haïra le mensonge. Votre réponse naïve me prouve votre tendresse. Saül coupa un saule.

41e LEÇON. — PHRASES.

ai *se prononce* é *dans les mots suivants :*

J'ai chanté un cantique. Je racontai une histoire. Je dormirai sur le canapé. Je vendrai un mouton. Je m'amusai avec mon frère. Je lui rendrai ce qu'il m'a prêté.

t *se prononce* s *après les lettres* a, é, i, o, u, e, n, p, r.

Nation, discrétion, ambition, notion, solution, action, mention, éruption, portion, création, concrétion, position, potion, caution, fiction, attention, option.

L'éducation forme le cœur. Cette action lui a valu la décoration.

t *se prononce également* s *dans les terminaisons* tie (*), tial, tiel *et* tieux.

Minutie, inertie, prophétie, diplomatie, aristocratie, démocratie, suprématie, impéritie, argutie, martial, partiel, minutieux.

(*) Excepté *rôtie, partie, épizootie,* etc.

42ᵉ LEÇON. — PHRASES.

x *se prononce* **gz** *lorsqu'il est placé entre un* **e** *initial et une voyelle.*

Exaucé, exemple, exilé, exorde, exigible, exorbitante. La garde nationale fera l'exercice. Le Seigneur a exaucé ma prière. Ma sœur exige que je lui rende ce service.

x *se prononce* **z** *dans les mots*

Deuxième, sixième, dixième.

i *est toujours mouillé dans* **ail, eil, euil, ouil.**

Portail, soleil, fauteuil, fenouil. Le cerfeuil se mange en salade. Ma sœur a mangé un ail. Le soleil mûrira le blé. Le travail procure l'abondance. L'écureuil a été tué.

Lorsque **ill** *n'est pas précédé d'une voyelle, comme dans fille,* **i** *s'en détache, et les deux* **l** *restant conservent la même valeur.*

Fille, billon, famille, papillon, coquille, pavillon, faucille, lentille, étrille.

ill *se prononce* **i-l** *dans les mots*

Ville, pupille, tranquille, million, distillé, Achille, armillaire, mille.

43ᵉ LEÇON. — MOTS.

DES CONSONNES REDOUBLÉES

b est nul dans **a*b*bé, sa*b*batine, a*b*batial.**
c — **sa*c*cade, o*c*cupé, ra*c*cordé, a*c*cablé.**
f — **gri*f*fe, éto*f*fe, a*f*fiche, coi*f*fe.**
h est nul dans ***rh*ume, *th*ème, mét*h*ode, *h*uile.**
l — **ba*l*lon, mo*l*le, déco*l*lé, ma*l*le.**
m — **po*m*me, so*m*me, ho*m*me, auto*m*ne.**
n — **ca*n*ne, bo*n*ne, co*n*nu, so*n*né.**
p — **na*p*pe, a*p*pui, gri*p*pe, ra*p*proché.**
r — **ca*r*ré, beu*r*re, la*r*ron, cha*r*ron.**
s — **poi*s*son, mou*s*se, béca*s*se, moi*s*son.**
t — **bo*t*te, pa*t*te, gou*t*te, caro*t*te.**

Justin a mangé une grappe de raisin. La pendule a sonné midi. La poule appelle son poussin. Romain a gagné une somme considérable. Minette m'a donné de sa patte.

Exception. — *Les consonnes redoublées* cc, dd, ll, rr, tt, *se prononcent séparément dans*

Vac-cine, ac-cidenté, ac-céder, suc-cession, ac-cessible; — addition, ad-ditionnel, ad-ducteur, red-dition; — al-lusion, al-légorie, al-léguer, intel-ligence, satel-lite; — er-reur, ir-riter, ir-régulier; — gut-tural, At-tique.

44ᵉ LEÇON. — MOTS.

LETTRES NULLES ET MUETTES

c est nul dans **ban*c*, taba*c*, accro*c*, estoma*c*.**
d — **ni*d*, fon*d*, gran*d*, regar*d*.**
g — **san*g*, coin*g*, étan*g*, faubour*g*.**
l — **fusi*l*, outi*l*, couti*l*, cheni*l*.**
p — **cou*p*, dra*p*, galo*p*, ba*p*tême.**
s — **bra*s*, tami*s*, repo*s*, verni*s*.**
t — **cha*t*, pavo*t*, profi*t*, for*t*.**
x — **pri*x*, épou*x*, paresseu*x*, perdri*x*.**
nt — **ils lise*nt*, ils parle*nt*, ils écrive*nt*.**

45e LEÇON.

LIAISON DES MOTS

Lisez	*comme s'il y avait*
Tabac à priser,	**taba-c-à priser.**
Soif ardente,	**soi-f-ardente.**
Fol espoir,	**fo-l-espoir.**
Mon ami,	**mo-n-ami.**
Trop aimable,	**tro-p-aimable.**
Marcher à pied,	**Marché-r-à pied.**
Il faut écrire,	**il fau-t-écrire (*).**
Chez Auguste,	**ché-z-Auguste.**
Cinq enfants,	**cin-k-enfants.**
La porte ouverte,	**la por-t-ouverte.**
Le maître habile,	**le maî-tr-habile.**

Quelques consonnes changent de prononciation dans la liaison des mots. Ainsi,

On écrit :	*On prononce :*
Grand homme,	**gran-t-homme.**
Sang auguste,	**san-k-auguste.**
Neuf ans,	**neu-v-ans.**
Des enfants,	**dè-z-enfants.**
Voix agréable,	**voi-z-agréable.**

Lorsque les mots sont terminés par ct, rd, rt, *la dernière consonne reste muette, et l'avant-dernière se lie à la voyelle suivante :*

Respect humain,	**respè-k-humain.**
Mort infâme,	**mo-r-infâme.**
Regard effrayant,	**rega-r-effrayant.**

(*) Le *t* de la jonction *et* ne se lie jamais.

46e LEÇON.

LECTURE COURANTE

Dieu est un Esprit éternel, infini, tout-puissant, qui voit tout, et qui a fait toutes choses de rien.

C'est Dieu qui a fait le soleil avec sa chaleur et sa vive lumière, la terre et tout ce qu'elle renferme.

Les hommes, les animaux, les arbres et les plantes, tout lui doit l'existence.

C'est lui qui a semé la terre de fleurs et de fruits, et le ciel d'étoiles brillantes.

Rien de tout cela ne peut être l'ouvrage de l'homme : son pouvoir ne s'étend pas jusque là.

L'homme jette dans la terre le blé ou tout autre grain; mais ce n'est pas lui qui le fait croître : c'est Dieu.

L'homme fait des meubles, bâtit des maisons; mais ce n'est pas lui qui a fait le bois ou la pierre qu'il emploie : c'est Dieu.

Ce n'est pas l'homme, c'est Dieu qui fait tomber la pluie et la neige, qui fait gronder le tonnerre et souffler le vent.

C'est Dieu, oui c'est Dieu qui a tout fait, tout créé, qui conserve et gouverne tout; c'est lui que nous devons remercier et bénir de toute notre âme.

A.-M.-A. LACROIX. NANTUA. — MERCIER, LIBRAIRE. NANTUA. — IMP. D'AUGUSTE ARÈNE.

www.ingramcontent.com/pod-product-compliance
Ingram Content Group UK Ltd.
Pitfield, Milton Keynes, MK11 3LW, UK
UKHW032017260826
14628UKWH00006B/2537

9 782019 278625